# Preservar las Selvas Tropicales

**Por Phoebe Yeh y Nancy E. Krulik**
*Ilustraciones por* **Megan Halsey**

translación por Fran Raucci

ISBN 0-590-45830-2
Copyright © 1992 by Scholastic Inc.

All rights reserved. Published by Scholastic Inc.

12 11 10 9 8 7 6 5 4 3 2 1      2 3 4 5 6 7/9
Printed in the U.S.A.                    34
First Scholastic printing, April 1992

## SCHOLASTIC INC.
New York  Toronto  London  Auckland  Sydney

Las selvas tropicales de la tierra están llenas de animales maravillosos, árboles altos, plantas hermosas, flores gigantescas, y mucho aire puro y agua limpia. Conseguimos tantas cosas de nuestras selvas tropicales como el alimento, la medicina y el caucho.

Pero poco a poco, nuestras selvas tropicales se están desapareciendo. Los cazadores ilegales matan y capturan a los animales. Se derriban los árboles para madera, y se desmonta el terreno para que paste el ganado. Cada minuto de cada día, se destruye una parte de la selva tropical. ¡Un día no habrá ninguna selva tropical en la tierra! ¡Por eso nos toca a nosotros ayudar a Preservar las Selvas Tropicales!

Llueve casi todas las tardes en la selva tropical.
¡Algunas selvas tropicales reciben más de 30 pies de lluvia
al año!

**Colora azul a toda el agua en la ilustración.**

4

El cortón es un insecto verde que vive en lo más alto de los árboles de la selva tropical. La cima de los árboles se llama el dosel. Es difícil distinguir el cortón de las flores y las hojas verdes del dosel donde vive. Así es como el cortón esconde de sus enemigos.

**Hay seis cortones en esta ilustración. ¿Los puede hallar?**

**EL AGUACATE**

**LA PIÑA**

**LA ORQUÍDEA**

**EL CACTUS DE NAVIDAD**

**EL LIMÓN**

**LA NARANJA**

**LA BANANA**

**LA VIOLETA AFRICANA**

Muchas de las frutas y flores que se ven cada día crecen en las selvas tropicales.

**Encierra en un círculo las flores que crecen en las selvas tropicales.**
**Ponga una X sobre las frutas que crecen en las selvas tropicales.**

El perezoso nunca sale de su hogar del dosel en la selva tropical. Come y duerme colgándose patas arriba de una rama del árbol.

**Conecta los puntos para dibujar el dormilón.**

La selva tropical es el hogar para animales encantadores
como los jaguares, los gamos, los hormigueros y los
armadillos.

**Colora este paisaje salvaje de cualquier color que le guste.**

La anaconda gigantesca de la selva tropical es una de las culebras más grandes del mundo. No es una culebra venenosa. Pero aún así es peligrosa. La anaconda gigantesca vive cerca del agua.

**Siga este laberinto para hallar a esta culebra grande.**

empieza

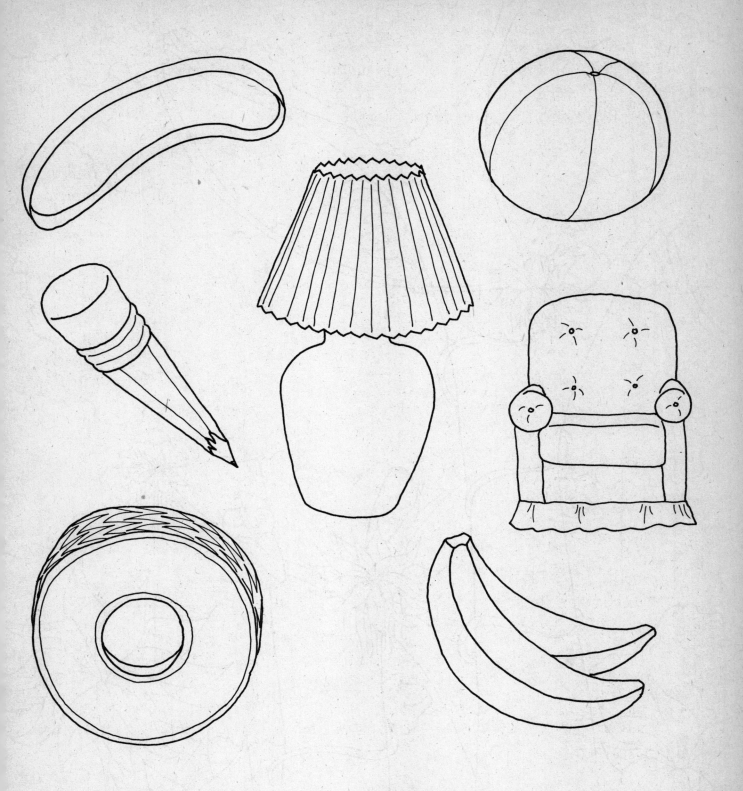

¿Sabe usted que el caucho viene de los árboles?
Los que extraen el caucho líquido lo cogen de la corteza de
los árboles. Esto no daña a los árboles.

**Encierra en un círculo las cosas que están hechas
de caucho.**

Los monos dan vueltas de rama a rama, en lo alto de los árboles de la selva tropical.

**Hay 10 monos en esta ilustración.**
**Colóralos pardos.**
**Luego la ilustración de cualquier color que le guste.**

Las aves de la selva tropical son muy coloridas.
Sus plumas son rojas, verdes, amarillas y azules claras.
El color de las aves y sus picos de forma extraña les ayudan
a hallar el alimento en la selva tropical.

**Ayude a cada ave a hallar a su compañera.**

**EL COLIBRÍ**

**EL TUCÁN**

**EL CURASAO**

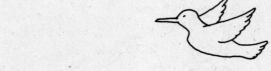

**EL LORO**

La macagua pertenece a la familia de loros. Tiene las
plumas coloridas, y come las frutas en la selva tropical.

**Colóralos rojos, los espacios marcados 1.**
**Colóralos amarillos, los espacios marcados 2.**
**Colóralos verdes, los espacios marcados 3.**
**Colóralos azules, los espacios marcados 4.**

La bromeliácea es una planta gigantesca de aire con hojas espinosas. Sus raíces nunca tocan el terreno. Puede guardar agua en sus hojas. Es el hogar propio para flores y animales como caracoles y gusanos.

**Encierra en un círculo los animales y las plantas en esta ilustración que están en grupos de dos. Luego, colora la ilustración.**

El río Amazonas fluye por la selva tropical más grande del mundo, en El Brasil, Sud América. Lleva más agua al mar que cualquier otro río. Todas las clases de animales viven en el río Amazonas o en las riberas del río Amazonas.

**¿Puede usted hallar cuatro peces, tres nutrias, dos tortugas y un caimán en esta ilustración?**
**Una idea: El CAIMÁN parece a un leño, pero es un miembro de la familia de cocodrilo.**

La mayoría de las selvas tropicales del mundo son selvas calurosas.

Pero hay otros tipos de selvas tropicales.

Las templadas selvas tropicales son más frescas que las selvas tropicales.

Son famosas por sus árboles sequoias.

Los árboles sequoias son los más grandes de la tierra.

**Faltan unas partes de esta ilustración.**
**Dibújelos usted mismo, luego colorar la ilustración.**

Los salmones nadan en el agua fresca y limpia de la templada selva tropical. Ayudar a los salmones nadar aguas arriba para huevar.

**Seguir el laberinto.**

Las selvas tropicales de manglares asiáticos
crecen a lo largo del mar.
Están mojadas todo el tiempo.
Esta ilustración de un animal que vive
en la selva tropical
de manglares asiáticos está toda confundida.

**Copiar lo que ve usted en los cuadrados correctos.
Los números le ayudarán.**

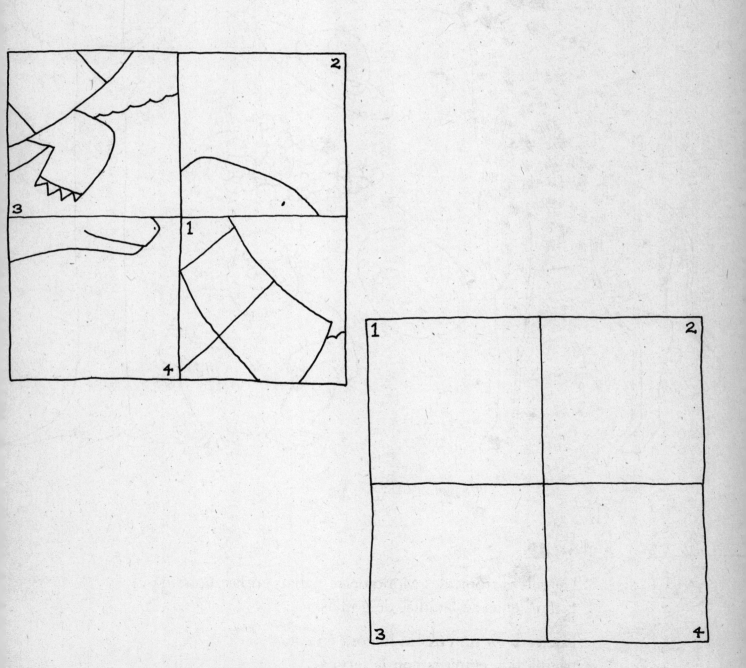

Las selvas tropicales Montane se hallan en las montañas.
Están llenas de familias de gorilas.

**Encierra en un círculo la cosa en esta
página que empieza con la letra G.**

Cuando se derriban los árboles de la selva tropical
todas las cosas vivas son afectadas.
Se emiten los gases como dióxido de carbón
en el aire todos los días.
Los gases atrapan el calor del sol, y el tiempo cambia.
Se hace cada vez más caliente.
Hay menos lluvia.
El calor global se llama el efecto invernáculo (greenhouse
effect).
Es malo para la tierra y todo lo que vive en la tierra.

**Encierra en un círculo de todo lo que es caluroso.**

Las selvas tropicales no son nuevas a la tierra. Han estado aquí por millones de años.

**Contar de dos en dos para conectar los puntos y hallar a un animal que vivía por aquí hace unos millones de años.**

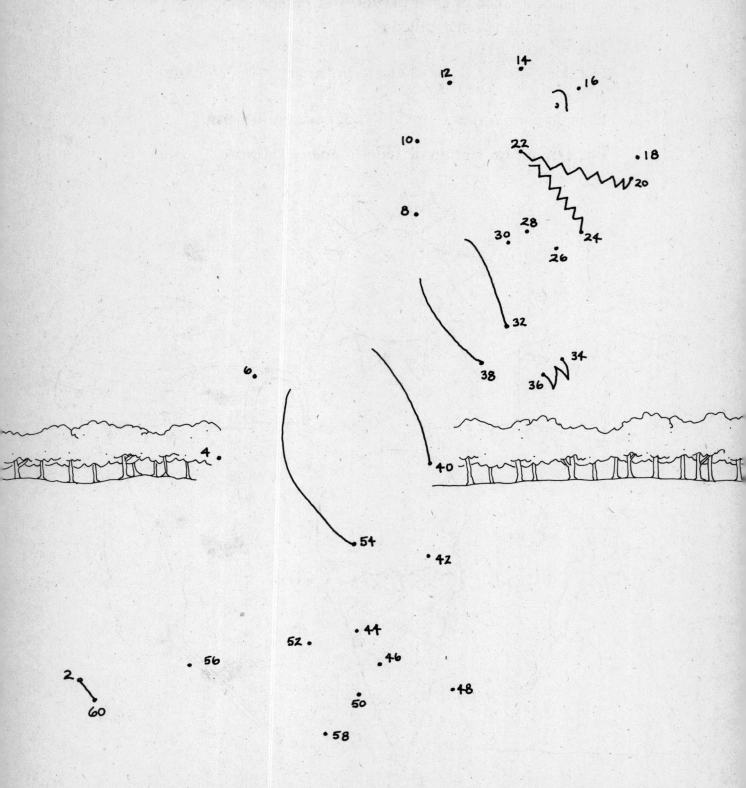

Hay selvas tropicales en África, Asia, Australia y la
América del Sur.
Las selvas Nubladas o Montanas en África, y las selvas Manglar
en Asia son selvas tropicales.
Hay templadas selvas tropicales en Norte América.

**¿Puede usted hallar las palabras NUBLADO, MONTANO, MANGLAR,
TEMPLADO y TROPICAL en la búsqueda de palabras? Puede
buscar al través, al revés, arriba y abajo.**

G  C  N  G  T  S  L  V  E  L
L  U  U  L  R  A  N  Q  O  N
M  A  B  M  O  D  R  A  D  R
B  N  L  B  P  U  A  Z  A  U
D  W  A  A  I  S  L  G  L  D
S  E  D  S  C  T  G  R  P  W
A  E  O  N  A  T  N  O  M  N
N  R  A  S  L  R  A  K  E  Q
S  A  R  D  G  S  M  E  T  J

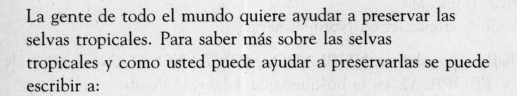

La gente de todo el mundo quiere ayudar a preservar las selvas tropicales. Para saber más sobre las selvas tropicales y como usted puede ayudar a preservarlas se puede escribir a:

**The Children's Rainforest**
P.O. Box 936
Lewiston, ME 04240

**Friends of the Earth/U.K.**
2628 Underwood Street
London, N17JU
United Kingdom

**International Union for the Conservation of Nature and Natural Resources**
Avenue Mont Blanc
1196 Gland
Switzerland

**National Wildlife Federation**
1400 16th Street, NW
Washington, DC 20036 – 2266

**Smithsonian Tropical Research Institute**
APO
Miami, FL 34002 – 0011

¡Usted puede ayudar a preservar las selvas tropicales usted mismo!
Escriba cartas a los senadores y congresistas que representan su estado.
¡Usted aún puede mandar una carta al Presidente de los Estados Unidos!
Aquí hay un ejemplo de una carta que se puede usar.
O se puede escribir su propia carta.

Estimado Señor Presidente,
Me preocupan mucho las selvas tropicales de la tierra.
Necesitamos las plantas en las selvas para alimento y medicina.
Necesitamos los árboles en las selvas tropicales para mantener limpios el aire y el agua de la tierra.
Las selvas tropicales son el hogar para muchos animales.
Mi favorito es el/la_____.
Tenga la bondad de asegurarme que las selvas tropicales estarán aquí cuando to sea mayor.

Sinceramente,

_____

Firmar su nombre y apellido aquí.

4·5

10.

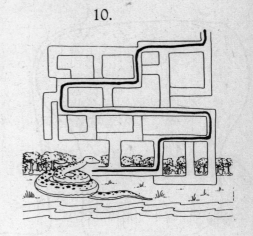

6.

EL AGUACATE

LA PIÑA

LA ORQUÍDEA

EL CACTUS DE NAVIDAD

EL LIMÓN

LA NARANJA

LA BANANA

LA VIOLETA AFRICANA

11. Pelota, borrador, liga, llanta

12·13

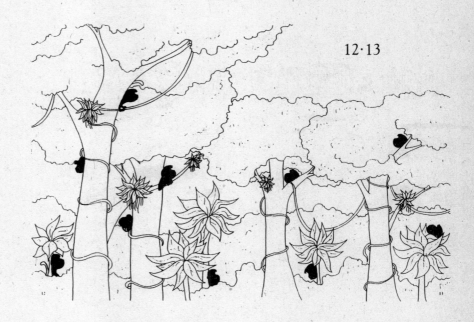

7.

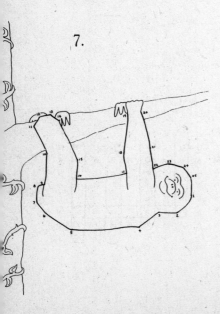

14.

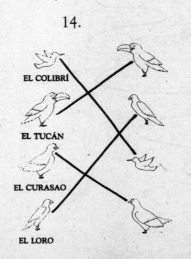

EL COLIBRÍ

EL TUCÁN

EL CURASAO

EL LORO

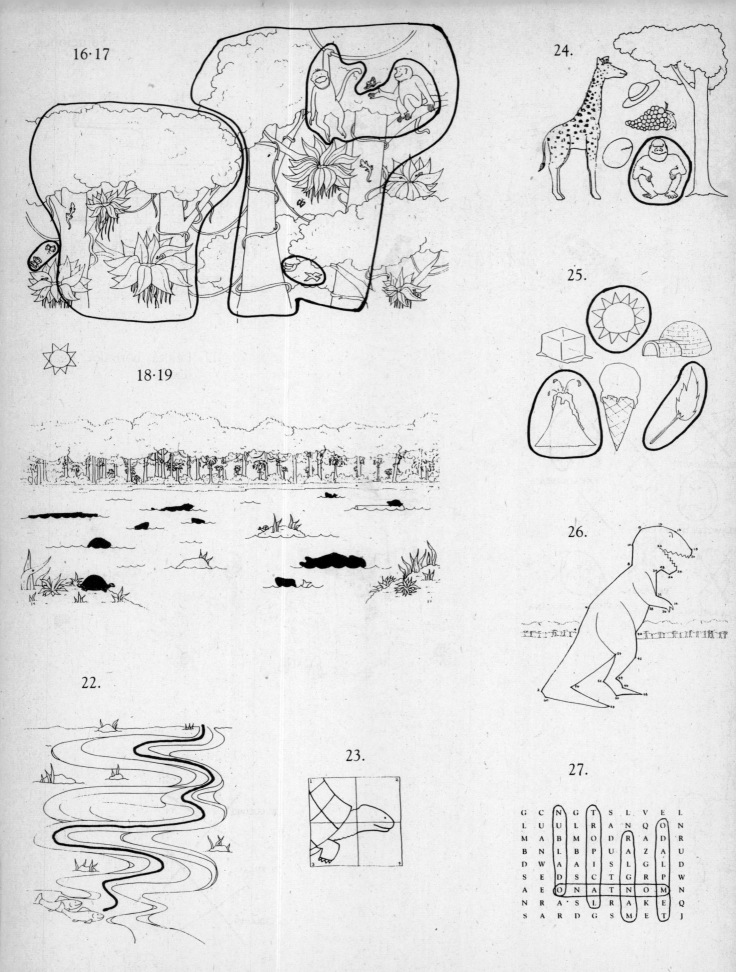

16·17

18·19

22.

23.

24.

25.

26.

27.